Do-It-Together

Animals & Instruments

ABC TIME
FOR TWO!

This Book Belongs to:

Student:
Date:
Age:
Grade:
Teacher:

FUN-SCHOOLING TIME!

Animals & Instruments from A to Z!

COLOR THE ALPHABET TOGETHER

Student's Name:_____

COLOR THE ALPHABET TOGETHER

Teacher's Name:_____

**ALAN THE AMAZING AARDVARK
PLAYS THE ACCORDION IN ARGENTINA**

Color Each Word:

ALAN

AARDVARK

ACCORDION

ARGENTINA

AMAZING

Take some time to color each picture.
Coloring the animals and instruments will help you to remember everything you are learning in this book.

**BRIAN THE BRILLIANT BEAR
PLAYS THE BANJO IN BELGIUM**

Color Each Word:

BRIAN

BRILLIANT

BEAR

BANJO

BELGIUM

B

CONNER THE CONFIDENT CAT PLAYS COWBELL IN CALIFORNIA

Color Each Word:

CONNER

CONFIDENT

CAT

COWBELL

CALIFORNIA

DAVID THE DILIGENT DOG PLAYS DJEMBE IN DJIBOUTI

Color Each Word:

DAVID
DILIGENT
DOG
DJEMBE
DJIBOUTI

ELIJAH THE EXCEPTIONAL ELEPHANT PLAYS THE ERHU IN EGYPT

Color Each Word:

ELIJAH

EXCEPTIONAL

ELEPHANT

ERHU

EGYPT

FIONA THE FRIENDLY FOX PLAYS FIDDLE IN FRANCE

Color Each Word:

FIONA

FRIENDLY

FOX

FIDDLE

FRANCE

GRACE THE GENEROUS GIRAFFE PLAYS GUITAR IN GREECE

Color Each Word:

GRACE

GENEROUS

GIRAFFE

GUITAR

GREECE

HEATHER THE HONEST HAMSTER PLAYS HARMONICA IN HOLLAND

Color Each Word:

HEATHER

HAMSTER

HARMONICA

HONEST

HOLLAND

ISAAC THE INTELLIGENT IGUANA PLAYS THE INCI IN INDONESIA

Color Each Word:

ISAAC

INTELLIGENT

IGUANA

INCI

INDONESIA

JOSEPH THE JOYFUL JAGUAR PLAYS THE JUG IN JAPAN

Color Each Word:

JOSEPH

JOYFUL

JAGUAR

JUG

JAPAN

KEESHA THE KNOWLEDGEABLE KANGAROO PLAYS KAZOO IN KYRGYZSTAN

Color Each Word:

KEESHA
KANGAROO
KAZOO
KYRGYZSTAN
KNOWLEDGEABLE

LUKE THE LOYAL LION PLAYS THE LUTE IN LIECHTENSTEIN

Color Each Word:

LUKE

LION

LUTE

LOYAL

LIECHTENSTEIN

MARK THE MISCHIEVOUS MONKEY PLAYS MANDOLIN IN MOZAMBIQUE

Color Each Word:

MARK
MISCHIEVOUS
MONKEY
MANDOLIN
MOZAMBIQUE

NATHAN THE NEIGHBORLY NUTRIA PLAYS THE NEY IN NICARAGUA

Color Each Word:

NATHAN

NEIGHBORLY

NUTRIA

NEY

NICARAGUA

N

OLIVIA THE OUTSTANDING OPOSSUM PLAYS OBOE IN OMAN

Color Each Word:

OLIVIA

OUTSTANDING

OPOSSUM

OBOE

OMAN

PEARL THE PLEASANT PANDA PLAYS PAN PIPES IN POLAND

Color Each Word:

PEARL

PANDA

PAN PIPES

POLAND

PLEASANT

QUINN THE QUIET QUOKKA PLAYS THE QUENA IN QATAR

Color Each Word:

QUINN
QUOKKA
QUENA
QATAR
QUIET

RACHEL THE RELIABLE RACCOON PLAYS THE RECORDER IN RUSSIA

Color Each Word:

RACHEL

RELIABLE

RECORDER

RUSSIA

RACCOON

R

SAMUEL THE SERIOUS SKUNK PLAYS THE SAXOPHONE IN SWEDEN

Color Each Word:

SAMUEL

SKUNK

SERIOUS

SAXOPHONE

SWEDEN

TIMOTHY THE TALENTED TIGER PLAYS THE TAMBOURINE IN TANZANIA

Color Each Word:

TIMOTHY

TIGER

TALENTED

TAMBOURINE

TANZANIA

T

URIAH THE UNDERSTANDING UAKARI PLAYS THE UKULELE IN UKRAINE

Color Each Word:

URIAH
UAKARI
UKULELE
UKRAINE
UNDERSTANDING

VICTORIA THE VALIANT VICUNA PLAYS THE VOLYNKA IN VIETNAM

Color Each Word:

VICTORIA

VICUNA

VOLYNKA

VIETNAM

VALIANT

WALTER THE WANDERING WOLF PLAYS THE WASHTUB BASS IN WASHINGTON D.C.

Color Each Word:

WALTER

WANDERING

WOLF

WASHTUB BASS

WASHINGTON D.C.

W

XAVIER THE XENOPHOBIC XERUS PLAYS THE XYLOPHONE IN XALAPA

Color Each Word:

XAVIER
XERUS
XYLOPHONE
XALAPA
XENOPHOBIC

YOLANDA THE YOUTHFUL YAK PLAYS YUNLUO IN YEMEN

Color Each Word:

YOLANDA

YOUTHFUL

YAK

YUNLUO

YEMEN

Y

ZACH THE ZEALOUS ZEBRA PLAYS THE ZITHER IN ZIMBABWE

Color Each Word:

ZACH

ZEBRA

ZITHER

ZIMBABWE

ZEALOUS

Animals & Instruments

CREATIVE WRITING PROMPTS

Note to Parents & Teachers:

1. Take time to research the animals, instrument and places that you will write about! This is a great opportunity for learning together about science, geography, music and social studies! You can even watch a documentary!

2. Ask the child to dictate a story, song, or poem while you write the words correctly on this page. Young children need to see the example of a skilled person writing words. This is the best way to inspire a child to write correctly. Feel free to help the child create the story. Do it together!

3. After you write the story, song or poem read it together three times, and then ask the child to read the "easy words" while you read the "hard" words.

4. Gently encourage the child to memorize the story and then pretend to read it while you point to each word. After pretending to read the story several times the child will begin to recognize the words and true reading will begin!

ASK SOMEONE OLDER TO HELP YOU WRITE A SHORT STORY, SONG OR POEM USING THESE WORDS:

Alan   Aardvark   Accordion

Argentina   Amazing   Applaud

Title: _____   Date:_____

CORRESPONDING ILLUSTRATION:

WRITE A SHORT STORY, SONG OR POEM USING THESE WORDS:

Conner   Cat   Cowbell

California   Confident   Concentrate

Title: _____ Date: _____

CORRESPONDING ILLUSTRATION:

WRITE A SHORT STORY, SONG OR POEM USING THESE WORDS:

Fiona Fox Fiddle

France Friendly Found

Title: _____ Date: _____

_____
_____
_____
_____
_____
_____
_____
_____
_____
_____
_____
_____
_____
_____

CORRESPONDING ILLUSTRATION:

WRITE A SHORT STORY, SONG OR POEM USING THESE WORDS:

Grace Giraffe Guitar

Greece Generous Guarantee

Title: _____ Date:_____

CORRESPONDING ILLUSTRATION:

WRITE A SHORT STORY, SONG OR POEM USING THESE WORDS:

Heather Hamster Harmonica

Holland Honest Harass

Title: _____ Date:_____

CORRESPONDING ILLUSTRATION:

WRITE A SHORT STORY, SONG OR POEM USING THESE WORDS:

Isaac Iguana Inci

Indonesia Intelligent Imagine

Title: _____ Date:_____

CORRESPONDING ILLUSTRATION:

WRITE A SHORT STORY, SONG OR POEM USING THESE WORDS:

Joseph Jaguar Jug

Japan Joyful Judge

Title: _____ Date:_____

CORRESPONDING ILLUSTRATION:

WRITE A SHORT STORY, SONG OR POEM USING THESE WORDS:

Luke Lion Lute

Liechtenstein Loyal Laugh

Title: _____ Date: _____

CORRESPONDING ILLUSTRATION:

WORD SEARCHES ARE FUN!

Work on the word search with your student, give them clues to help them find the words!

```
C M L U K E B B L N B H O O Z A K S I L
X G P P W E H P A L Z L U F Y O J Q Y O
A E F K A D O G Y V J P H H E A T H E R
W N O N R U N R O A C A A S I U A E X H
Z E H O K D E E L L C R F P B M W V I N
M R P W A N S E G I R I G I S U Y P N K
G O E L N A T C W G O U N T R S R P T E
I U S E G L M E S U J D E O U S A A E E
R S O D A L S Y G A O R I O M A U A L S
A L J G R O F R P N G U I T A R G P L H
F U S E O H A A E A W I O F M A A H I A
F T F A O C N S N O I L F Z P H J H G K
E E B B E N I E T S N E T H C E I L E Z
M Z A L Q A F P K M I C N I X A Y O N G
Z M P E S C Y U K Y R G Y Z S T A N T V
```

GENEROUS	GIRAFFE	GRACE
GREECE	GUITAR	HAMSTER
HARASS	HARMONICA	HEATHER
HOLLAND	HONEST	IGUANA
INCI	INDONESIA	INTELLIGENT
ISAAC	JAGUAR	JAPAN
JOSEPH	JOYFUL	JUG
KANGAROO	KAZOO	KEESHA
KNOWLEDGEABLE	KYRGYZSTAN	LIECHTENSTEIN
LION	LOYAL	LUKE
LUTE		

D	Z	E	C	R	G	O	F	P	L	E	A	S	A	N	T	Q	P	Q	S
H	E	O	M	A	N	E	O	B	O	O	I	K	B	A	J	E	A	P	E
S	U	O	V	E	I	H	C	S	I	M	M	T	H	O	X	T	W	N	P
L	R	A	E	P	D	R	R	A	C	H	E	L	P	C	A	D	T	B	I
Y	N	S	M	N	N	A	B	P	C	W	C	I	F	R	Y	N	K	H	P
N	N	C	O	A	A	C	N	H	W	E	U	Q	I	B	M	A	Z	O	M
I	I	V	N	I	T	C	I	O	C	E	M	A	R	K	W	L	Q	N	R
C	U	R	K	R	S	O	L	P	U	L	R	G	V	H	P	O	U	S	U
A	Q	N	E	T	T	O	O	O	Y	B	E	P	B	Y	G	P	E	B	S
R	P	A	Y	U	U	N	D	S	E	A	C	W	C	T	E	S	N	E	S
A	A	H	B	N	O	E	N	S	N	I	O	L	C	E	E	W	A	K	I
G	N	T	V	L	N	G	A	U	Y	L	R	O	B	H	G	I	E	N	A
U	D	A	L	A	A	T	M	M	S	E	D	W	Q	X	Y	L	U	T	B
A	A	N	P	G	R	C	N	S	X	R	E	J	V	W	P	C	Z	Q	Q
N	O	A	K	K	O	U	Q	A	J	J	R	O	L	I	V	I	A	J	P

MANDOLIN	MARK	MISCHIEVOUS
MONKEY	MOZAMBIQUE	NATHAN
NEIGHBORLY	NEY	NICARAGUA
NUTRIA	OBOE	OMAN
OPOSSUM	OUTSTANDING	OLIVIA
PAN	PANDA	PEARL
PIPES	PLEASANT	POLAND
QATAR	QUENA	QUIET
QUINN	QUOKKA	RACCOON
RACHEL	RECORDER	RELIABLE
RUSSIA		

T	S	E	L	E	L	U	K	U	M	W	W	A	L	T	E	R	S	Q	J
A	T	U	L	A	B	R	X	A	E	A	Y	T	M	V	V	Y	E	X	H
M	N	I	N	X	S	W	N	T	N	S	U	A	F	C	I	H	R	T	T
B	A	G	G	D	N	T	R	U	O	H	F	L	O	W	C	T	I	A	W
O	I	V	E	E	E	H	V	L	H	I	L	T	L	X	U	O	O	L	V
U	L	X	I	I	R	R	U	J	P	N	X	X	A	A	N	M	U	E	O
R	A	N	V	K	E	F	S	T	O	G	G	Y	W	N	A	I	S	N	L
I	V	L	A	I	R	P	V	T	X	T	C	K	L	A	Z	T	R	T	Y
N	J	Y	V	E	T	N	I	H	A	O	K	S	U	O	S	A	W	E	N
E	M	A	D	I	E	H	C	B	S	N	B	N	U	A	P	H	N	D	K
P	X	N	R	D	G	E	T	W	N	L	D	X	U	R	K	H	T	I	A
Y	O	U	E	X	E	N	O	P	H	O	B	I	C	K	E	A	O	U	A
W	J	W	Z	J	R	J	R	X	H	L	R	V	N	U	S	X	R	N	B
H	S	D	A	C	A	N	I	A	Y	C	I	Z	F	G	Y	W	P	I	E
Q	S	A	M	U	E	L	A	U	K	R	A	I	N	E	V	W	S	F	O

SAMUEL	SAXOPHONE	SERIOUS
SKUNK	SWEDEN	TALENTED
TAMBOURINE	TANZANIA	TIGER
TIMOTHY	UAKARI	UKRAINE
UKULELE	UNDERSTANDING	VALIANT
VICTORIA	VICUNA	VIETNAM
VOLYNKA	WALTER	WASHINGTON
WASHINGTON	WASHTUB	WOLF
WONDERFUL	XAVIER	XENOPHOBIC
XERUS	XYLOPHONE	YAK

L	H	W	W	T	R	O	P	S	N	A	R	T	O	U	L	N	U	Y	Y
O	B	N	Z	B	U	N	I	T	E	X	Z	F	V	G	Y	G	Q	Z	U
R	A	Z	C	B	E	H	T	A	E	R	B	Q	N	L	P	K	O	I	R
Y	G	I	H	G	U	A	L	B	Y	X	T	I	P	E	W	O	N	V	L
W	I	M	A	G	I	N	E	Q	Z	F	R	I	G	L	M	E	I	N	S
K	S	B	J	Y	N	I	A	T	R	E	T	N	E	R	M	T	O	I	U
A	R	A	E	V	I	E	C	E	D	L	H	T	O	E	L	A	T	M	O
J	Q	B	C	K	E	G	E	N	U	M	H	F	Y	O	F	R	L	J	L
A	C	W	W	Z	O	V	A	M	L	K	R	N	V	X	A	T	Y	W	A
H	P	E	L	N	K	W	R	H	E	E	G	U	A	R	A	N	T	E	E
F	S	U	R	P	R	I	S	E	P	M	L	E	B	K	D	E	Z	J	Z
A	P	P	L	A	U	D	X	U	S	N	Y	E	L	N	T	C	A	P	K
C	A	D	N	A	L	O	Y	E	K	B	Z	H	S	O	V	N	C	K	C
P	E	V	S	Q	J	Z	Z	H	R	A	O	N	R	C	A	O	H	S	L
J	X	R	A	Y	Y	O	U	T	H	F	U	L	V	K	O	C	K	F	A

YEMEN	YOLANDA	YOUTHFUL
YUNLUO	ZACH	ZEALOUS
ZEBRA	ZIMBABWE	APPLAUD
BREATHE	CONCENTRATE	DECEIVE
ENTERTAIN	GUARANTEE	IMAGINE
KNOCK	LAUGH	MULTIPLY
OBSERVE	PERFORM	RHYME
SURPRISE	TRANSPORT	UNITE
WANDERING	XRAY	ZOOM

CIRCLE YOUR FAVORITE WORDS!

Aardvark	Generous	Mandolin	Samuel	Yemen
Accordion	Giraffe	Mark	Saxophone	Yolanda
Alan	Grace	Mischievous	Serious	Youthful
Amazing	Greece	Monkey	Skunk	Yunluo
Argentina	Guitar	Mozambique	Sweden	Zach
Banjo	Hamster	Nathan	Talented	Zealous
Bass	Harass	Neighborly	Tambourine	Zebra
Bear	Harmonica	Ney	Tanzania	Zimbabwe
Belgium	Heather	Nicaragua	Tiger	Zither
Brian	Holland	Nutria	Timothy	
Brilliant	Honest	Oboe	Uakari	
California	Iguana	Oman	Ukraine	**VERBS:**
Cat	Inci	Opossum	Ukulele	Applaud
Confident	Indonesia	Outstanding	Understanding	Breathe
Conner	Intelligent	Olivia	Uriah	Concentrate
Cowbell	Isaac	Pan	Valiant	Deceive
David	Jaguar	Panda	Victoria	Entertain
Diligent	Japan	Pearl	Vicuna	Guarantee
Djembe	Joseph	Pipes	Vietnam	Imagine
Djibouti	Joyful	Pleasant	Volynka	Knock
Dog	Jug	Poland	Walter	Laugh
Egypt	Kangaroo	Qatar	Washington D.C.	Multiply
Elephant	Kazoo	Quena	Washtub	Observe
Elijah	Keesha	Quiet	Wolf	Perform
Erhu	Knowledgeable	Quinn	Wonderful	Rhyme
Exceptional	Kyrgyzstan	Quokka	Xalapa	Surprise
Fiddle	Liechtenstein	Raccoon	Xavier	Transport
Fiona	Lion	Rachel	Xenophobic	Unite
Fox	Loyal	Recorder	Xerus	Wandering
France	Luke	Reliable	Xylophone	X-Ray
Friendly	Lute	Russia	Yak	Zoom

WRITE YOUR FAVORITE WORDS

GET CREATIVE!

Try Writing Your Favorite Words Using New Fonts:

Multiply

Observe

Perform

Rhyme

Surprise

Transport

UNITE

Welcome

Zoom

Applaud

Breathe

Concentrate

Deceive

Entertain

Guarantee

Imagine

Knock

Laugh

WRITE A SILLY STORY TOGETHER

Using All Your Favorite Words:

DRAW FOUR MAPS OF PLACES IN THIS BOOK

DRAW FOUR ANIMALS FROM THIS BOOK

DRAW FOUR INSTRUMENTS FROM THIS BOOK

FunSchoolingBooks.com

Made in United States
Orlando, FL
27 January 2025